人工智能教育 第三册

生活中的人工智能

杨玉春　霍俊飞　主编

清华大学出版社

北京

内 容 简 介

  作为"人工智能教育"套书的第三册，本书延续前两册的趣味性和生活性，通过图图和灵灵的对话将生活中的人工智能应用展现出来，在小智和 AI 小博士的帮助下，带领学生亲历搭建硬件平台、编程、调试等实践探究过程，完成本书四个单元的学习。本书四个单元分别从衣、食、住、行四方面的生活情境入手，带领学生开展基于真实问题的实践项目，循序渐进地学习并掌握信息处理的基本过程与方法，体验过程与控制的场景，能设计用计算机实现过程与控制方案，并在实验系统中通过编程等手段加以验证，初步掌握应用信息技术解决问题的能力，为后续的学习奠定基础。

  本书适合作为小学中年级的教材或辅助资料，也可供小学科技教师参考。教材涉及的硬件和软件设备可以替换，功能相通即可。

图书在版编目（CIP）数据

人工智能教育 . 第三册，生活中的人工智能 / 杨玉春，霍俊飞主编 . — 北京：清华大学出版社，2023.2
ISBN 978-7-302-62726-5

Ⅰ . ①人⋯　Ⅱ . ①杨⋯ ②霍⋯　Ⅲ . ①人工智能 – 小学 – 教学参考资料　Ⅳ . ① G633.672

中国国家版本馆 CIP 数据核字（2023）第 029645 号

责任编辑：白立军　杨　帆
封面设计：刘　乾
责任校对：郝美丽
责任印制：丛怀宇

出版发行：清华大学出版社
   网　　　址：http://www.tup.com.cn, http://www.wqbook.com
   地　　　址：北京清华大学学研大厦 A 座　　　　　邮　　编：100084
   社　总　机：010-83470000　　　　　　　　　　邮　　购：010-62786544
   投稿与读者服务：010-62776969, c-service@tup.tsinghua.edu.cn
   质量反馈：010-62772015, zhiliang@tup.tsinghua.edu.cn
印　装　者：三河市龙大印装有限公司
经　　销：全国新华书店
开　　本：185mm×230mm　　　印　张：7　　　字　数：76 千字
版　　次：2023 年 4 月第 1 版　　　印　次：2023 年 4 月第 1 次印刷
定　　价：49.00 元

产品编号：099165-01

出 版 说 明

2017 年 7 月，国务院发布《新一代人工智能发展规划》，要求在中小学阶段设置人工智能相关课程，逐步推广编程教育。2018 年 1 月，教育部正式将"人工智能"纳入《普通高中信息技术课程标准（2017 年版）》。人工智能进入校园，为学生的个性化发展而设计人工智能课程，受到教育界的高度关注。2022 年 4 月，教育部发布了义务教育阶段课程方案和各课程标准。在本次课程改革方案中，"信息科技"成为全国统一开设的独立课程科目，而人工智能技术是"信息科技"的重要内容。

本套书致力于开展人工智能普及教育，重点培养学生的理性思维、批判质疑精神和研究、创新能力，引导学生在掌握人工智能基本知识的同时，认识到人工智能在信息社会中发挥着越来越重要的促进作用，能够根据需要运用人工智能技术解决生活与学习中的问题，逐步成为信息社会的积极参与者。通过本套书的学习，学生能够获得人工智能的基本知识、技能、应用能力，以及相关的意识、伦理等方面的培育，在运用人工智能技术解决实际问题的过程中，成长为具有良好的信息意识与计算思维，具备数字化学习与创新能力以及信息社会责任感的未来公民。在编写过程中，除了聚焦人工智能信息素养的培育，还关注培养学生中国优秀传统文化与道德情感。例如，《人工智能教育（第二册）人工智能伴我游》以游览故宫为主线，通过古代文化与现代科技的融合，培养学生的爱国意识与文化自信。

依托北京师范大学"国家青少年 STEAM 教育体系建设及应用实践研究"课题的重要成果，本套书在编写过程中还参考了《义务教育信息科技课程标准（2022 年版）》《普通高中信息技术课程标准（2017 年版）》《中小学人工智能课程开发标准（试行）》等政策文件和行业标准，结合教学实际情况，由一线教师编写。

本套书的学习内容均来自学生真实的生活场景，以活动贯穿，以问题引入，运用生动活泼、贴近生活的案例进行概念阐述。其中，每单元的开头设置明确的学习目标，目标先行，以终为始，教师和学生可以根据目标安排学习进度，设定预期的学习结果。

本套书注重结合小学生的学习特点与教育规律，避免了单纯的知识传授与理论灌输。编写过程中构建了图图、灵灵、小智和 AI 小博士四个主人公，围绕他们在学校、家庭、社会中的所见所闻展开学习活动，具有亲切感。采用体验式学习、项目式学习与探究性学习，在阐述概念和理论的基础上，设置了聪明的大脑、AI 大挑战、准备好了、奇思妙想、大显身手、我的小成就、AI 爱创新等栏目。

| 图图 | 灵灵 | 小智 | AI 小博士 |

聪明的大脑——旨在培养学生爱思考、善发现的学习习惯，在生活中能够发现问题、提出问题。

AI 大挑战——把问题转化成挑战性任务，明确要学习的目标。

准备好了——为解决问题、挑战任务做好硬件、软件准备。

奇思妙想——为解决问题而先行设计，提出解决方案，培养设计思维和工程思维。

大显身手——主要是解决问题环节，提供具体的解决方案。

我的小成就——为学生提供展示与交流的机会，秀出自己的劳动成果。

AI 爱创新——在原有基础上拓展与创新，培养学生的创新意识与不断进取的精神。

本套书共六册。每册有不同的主题：第一册为走近人工智能，第二册为人工智能伴我游，第三册为生活中的人工智能，第四册为人工智能服务，第五册为人工智能与社会，第六册为人工智能与大数据。

参与本套书编写工作的教师均来自信息技术、通用技术、科学课程的教学一线，具有丰富的教育教学经验。他们对本套书的内容选择、展现形式、学习方式、组织实施、评价交流等都提出了很多宝贵的建议，部分内容还经历了多轮教学实验，从而保证内容的实用性和科学性。各册具体编写人员如下：

《人工智能教育（第一册）走近人工智能》

冯天晓　郑晓　姜凤敏　强光峰　朱燕娟　恽竹恬

《人工智能教育（第二册）人工智能伴我游》

李作林　温天骁　何玲燕　姜凤敏　朱燕娟　侯艺馨

《人工智能教育（第三册）生活中的人工智能》

杨玉春　霍俊飞　郝红继　傅悦铭　彭玉兵　张凯

《人工智能教育（第四册）人工智能服务》

王海涛　刘长焕　王晓龙　何玲燕　曹善皓　杨书恒

《人工智能教育（第五册）人工智能与社会》

孙洪涛　苏晓静　彭慧群　纪朝宪　孔伟　王栋

《人工智能教育（第六册）人工智能与大数据》

谢浩　纪朝宪　郑晓　李葆萍　恽竹恬　苏晓静

本套书适合小学阶段各年级学生、家长和一线教师阅读使用，要求亲自动手验证本套书中的内容，感受人工智能技术给人们生活带来的美好。

本套书得以完成，得益于清华大学出版社孙宇副社长、白立军编辑、杨帆编辑等工作人员的大力支持和帮助，以及北京师范大学人工智能学院、中国人民大学附属中学、中国海洋大学、山东省学前教育中心等单位提供的专业支持，在此表示衷心的感谢！同时还要感谢网易有道、邦宝益智对本套书提供的内容支撑和应用场景支持。

囿于作者能力，本套书难免存在不完善甚至错误之处，敬请广大读者批评指正。

2023 年 1 月

前　言

　　本书以迎接智能时代为主题，重点关注了衣、食、住、行四方面中人工智能的应用。生活中广泛存在着"输入—计算—输出"的计算模式，本书以开源硬件和简易智能小车为载体，让学生了解多种传感器的工作原理和应用场景，学会分析简单系统构成，分析简单算法的执行过程与结果。在动手实践的过程中加深对生活中人工智能应用的理解，激发学生探索的兴趣。本书的主旨在于提升学生对智能技术发展的敏感度与智能服务生活的意识，引导学生思考人工智能技术应用的合理性，提高学生主动参与社会人工智能情景建设的使命感。

　　全书包括四个单元。

　　第一单元——衣。结合生活中的实例，分析"输入—计算—输出"的模式，理解机器人的工作原理。本单元的三个实践项目分别是穿衣小助手、发光的雨鞋、盲人眼镜，基于开源硬件，了解传感器的工作原理和应用场景；认识 LED 灯、蜂鸣器等几种简单的输出设备。

　　第二单元——食。本单元的三个实践项目分别是烘焙小精灵、超市小帮手、宠物投食器。应用视觉传感器识别物体的颜色和形状等，可用于对物体进行识别和分类。让学生在实践活动中学会分析简单系统构成，根据具体情境设计方案解决实际问题。

　　第三单元——住。本单元以学生身边熟悉的三个生活场景应用作为真实案例，引导学生对一个复杂系统进行分解，了解各个子系统是如何协调工作的。在智能台灯、浇花园丁、安全门锁三个实践活动中，学会根据需求、制约因素、可行性等对多种解决方案进行评估和筛选，预想使用效果。

　　第四单元——行。本单元通过分析典型物联网应用，使用物联设备，搭建简易物联系统等途径，设计了巡线小车、宠物跟随者、物流小车三个实践项目，指导学生读取、发送、接收和使用数据，引导学生勤于思考，勇于创新，迎接物联网技术的广泛应用带来的全新挑战。

作 者

2023 年 1 月

目　录

第一单元

衣

学习目标

（1）结合生活中的实例，分析"输入—计算—输出"的模式，理解机器人的工作原理。

（2）基于开源硬件，了解温湿度传感器、水分传感器、超声波传感器三种传感器的工作原理和应用场景。

（3）认识 LED 灯、灯带、蜂鸣器三种简单的输出设备。

（4）了解图形化编程，能够分析简单程序的执行过程和结果。

人工智能已经走进人们的生活，衣、食、住、行各方面都变得更加舒适、便捷。如 LED 智能穿衣镜（见图 1-1），在洗漱时，智能屏会显示今天的天气及穿衣建议，让人们轻松掌握信息，合理准备、舒适出发；如果商店拥有这种穿衣镜，顾客在试穿衣服后，LED 智能穿衣镜不但可以进行冷暖光调节，还可以配置场景，让顾客轻松看到不同灯光场景下的穿衣效果。这些是怎样实现的呢？你还有什么新奇的创意呢？让机器人小智陪你一起，跟随图图和灵灵展开新的探索吧！

图 1-1　LED 智能穿衣镜

第一课　穿衣小助手

妙趣生活

AI 大挑战

开学啦，天气逐渐转凉，同学们要合理穿衣哦！秋气堪悲未必然，轻寒正是可人天。制作一个穿衣小助手吧，为我们及时地送温暖哦！

准备好了

真是个不错的提议！期待你们温暖更多人！你们需要准备以下器材（见图1-2）：能检测环境温度的温湿度传感器、能控制整个简易系统的主控板、能根据温度的不同输出不同颜色的LED灯。

(a) 温湿度传感器　　　　　(b) 主控板　　　　　(c) LED灯

图 1-2　需要准备的器材

奇思妙想

让我来介绍一下它们吧！

感知部分：温湿度传感器

　　温湿度传感器是一款含有已校准数字信号输出的温湿度复合传感器，能够检测环境中的温度值和湿度值，它的精度较高，量程范围：湿度 20%~90%RH（RH 是相对湿度的单位，用百分数表达），温度 0~50℃。它具有超小的体积、极低的功耗，信号传输距离 20m 以上。

控制部分：主控板

单片机就是一个微型计算机，它内部有和计算机功能类似的模块，如中央处理器（Central Processing Unit，CPU）、内存，还有和硬盘作用相同的存储器件。不同的是它的这些部件性能相对家用计算机弱了很多，但是价格也低了很多。单片机靠程序工作，通过不同的程序实现不同的功能。

输出部分：LED 灯

LED 灯有红、蓝、白、橙、绿等多种颜色，可以用数字端口控制灯的亮灭，也可以用模拟端口控制它的亮度。LED 模块因其多样的色彩、较高的亮度及稳定可靠的性能，成为指示灯、照明灯的良好选择。

输入设备	控制器	输出设备
·摄像头	·控制输入输出	·LED 灯
·麦克风	·控制电动机	·蜂鸣器
·超声波传感器	·识别操作	·伺服电动机
·压力传感器	·物理运算	·舵机
……	……	……

很多智能系统和我一样，由输入设备、控制器、输出设备这三个要素构成。我是怎样工作的呢？请跟我一起走进下面的流程（见图 1-3）。

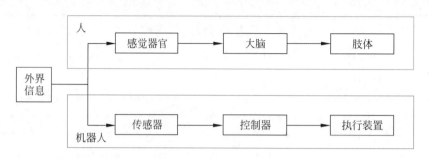

图 1-3　工作流程

同学们，穿衣小助手是怎样工作的呢？尝试着将实现过程补充完整吧！

初步方案　　　　　　　　　　　　挑战方案

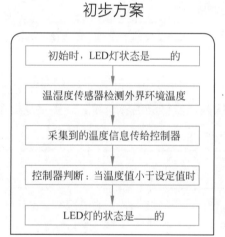

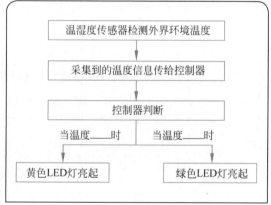

快乐学编程

这是我们编程用到的软件平台：Mind+（见图 1-4）。请跟随图图、灵灵一起熟悉一下这个编程环境吧！

因连接硬件模块，此处选择"上传模式"

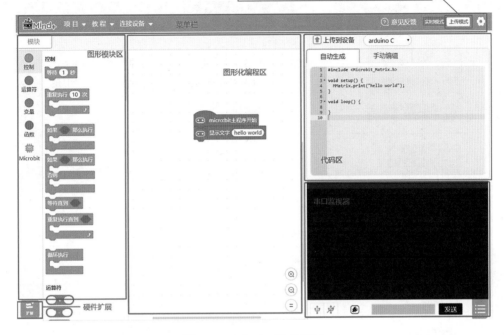

图 1-4　Mind+ 软件平台

首先，我们需要学习如何编程让LED灯亮起来。

一起学习下面的模块和指令（见表 1-1）吧！

然后，如何利用温湿度传感器采集到的信息来改变LED灯的状态呢？

表1-1 模块和指令

模块	指 令	功 能 描 述
控制	如果 那么执行 否则	如果满足判断条件，则执行"那么执行"下面的程序；如果不满足判断条件，则执行"否则"下面的程序
	循环执行	无限次循环，即重复执行模块内所有程序
运算符	< =	小于或等于判断
	>	大于判断
	<	小于判断
	与	逻辑运算，两个条件均满足才返回真，否则返回假
Arduino	设置数字引脚 13 输出为 高电平	设置数字引脚13输出高电平，LED灯亮
	设置数字引脚 13 输出为 低电平	设置数字引脚13输出低电平，LED灯灭
传感器	读取引脚 5 DHT11 温度(°C)	读取温湿度传感器的温度值

大显身手

请跟随图图和灵灵，一起探索穿衣小助手是怎样实现的吧！

开启你们的创造之旅吧，一定要注意安全哦！

连接电子电路时留意杜邦线、电路板等的插针或引脚，注意安全，避免扎伤。

挑战一：控制器点亮 LED 灯

硬件连接：连接 LED 灯（见图 1-5）。

白色线—D13（数字引脚13）
红色线—V_{CC}（电源5V）
黑色线—GND（接地）

图 1-5 LED 灯的连接方式

软件编程（见图 1-6）。

图 1-6 挑战一的测试程序

挑战二：利用温湿度传感器控制 LED 灯的亮灭

硬件连接：连接温湿度传感器（见图 1-7）。

软件编程（见图 1-8）。

绿色线—D5（数字引脚5）
红色线—V_{CC}（电源5V）
黑色线— GND（接地）

图 1-7　温湿度传感器的连接方式

图 1-8　挑战二的测试程序

尝试描述程序运行效果：

运行程序时，
当环境温度_____时，
LED 灯亮；
当环境温度_____时，
LED 灯灭。

挑战三：穿衣小助手进行温度预警

硬件连接：连接两个 LED 灯（见图 1-9）。

LED灯2：
白色线—D12（数字引脚12）
红色线—V_{CC}（电源5V）
黑色线— GND（接地）

图 1-9　两个 LED 灯的连接方式

软件编程（见图 1-10）。

图 1-10　挑战三的测试程序

尝试描述程序运行效果：

运行程序时，

当温湿度传感器读取到的环境温度___时，LED 灯 1 ___；LED 灯 2 ___；

当温湿度传感器读取到的环境温度___时，LED 灯 1 ___；LED 灯 2 ___；

当温湿度传感器读取到的环境温度___时，LED 灯 1 ___；LED 灯 2 ___。

示例程序运行效果图（见图 1-11）。

LED 灯如图 1-11 这样显示（绿色灯是 LED 灯 1，黄色灯是 LED 灯 2），说明温度是什么样的呢？应该怎样穿衣呢？

图 1-11　运行效果图

我的小成就

同学们，你们的穿衣小助手能工作了吗？说一说它们是怎样工作的吧！

我的穿衣小助手是这样工作的：开始时 LED 灯是灭的，当温度低于设定值（我设定的 25℃）时，LED 灯亮起来（我用的黄色）。

我做的穿衣小助手这样工作：开始时 LED 灯呈现白色，当温度低于设定值（我设定的 30℃）时，LED 灯变颜色（我让 LED 灯变成了绿色）。

你们的穿衣小助手已经可以为你们提示温度的变化了，再冷的天气也不怕你们少穿衣服了。明天就让它们开始工作吧！

同学们，你们已经可以利用温湿度传感器控制LED 灯的状态来显示外界环境的变化了。为你们鼓掌！

AI 爱创新

同学们，温湿度传感器不仅可以检测外界环境的温度，也可以检测环境湿度，来改善人们的生活。例如，当湿度高时，可以打开空调的除湿功能；当湿度低时，可以打开加湿器……应用这个复合传感器，你还有哪些创意呢？

分享你的创意吧！

创 意 方 案
应用场景：可以用文字或者画图表达
方案设计：
预想的实施效果：

第二课　发光的雨鞋

妙趣生活

图图，下雨了，我们一起出去玩吧！走，穿雨鞋去踩水喽！

好呀！我见过有一种雨鞋，一踩水就会亮灯，我也好想要一双这样会发光的雨鞋呀！

AI 大挑战

这主意真酷！你们已经学会点亮 LED 灯了，今天就为雨鞋加上绚丽的灯光效果，一起做一双在雨水中会发光的雨鞋吧！

准备好了

哇！会发光的雨鞋真好玩儿。你们需要准备以下器材（见图 1-12）：能检测雨水的水分传感器、主控板、灯带，当然还需要一双雨鞋。

  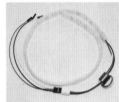

(a) 水分传感器   (b) 主控板   (c) 灯带

图 1-12 需要准备的器材

奇思妙想

让我来介绍一下新设备的功能吧！

> **感知部分：水分传感器**
>
> 水分传感器主要用于检测是否下雨及雨量的大小，并广泛应用于汽车的自动雨刮器、智能灯光和智能天窗等。当水分传感器检测到水时，传感器会输出一个信号，告诉人们传感器碰到水了。

> **输出部分：灯带**
>
> 　　灯带是由若干 RGB 灯串联而成的全彩柔性灯条。RGB 灯体积很小，亮度高，可以任意剪开且不损坏其余部分，呈现极其酷炫的显示效果，如呼吸、跳跃、闪烁、渐变等。灯带柔性较大，且背面有黏性胶带，可按需要便捷安装；灯带还有较高的亮度及稳定可靠的性能，是作为指示灯、照明灯的良好选择。

　　同学们，发光的雨鞋是怎样工作的呢？如何让自己雨鞋的发光效果更加酷炫呢？可以尝试设计灯带不同的发光方案，请将实现过程补充完整吧！

初步方案

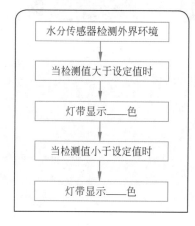

挑战方案

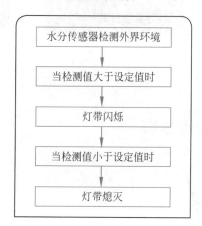

快乐学编程

　　AI 小博士，怎么知道雨鞋踩到雨水了呢？

　　让我来介绍一下用到的模块和指令（见表 1-2）吧！

表 1-2 模块和指令

模 块	指 令	功 能 描 述
传感器	初始化 RGB灯 引脚 13 ▾ 灯总数 15	初始化灯带的 RGB 灯个数
	RGB灯 设置引脚 13 ▾ 灯带亮度为 255	定义灯带的亮度
	RGB灯 引脚 13 ▾ 灯号 0 到 14 显示颜色	定义 RGB 灯的颜色
	读取引脚 A0 ▾ 水分传感器	读取水分传感器的值
控制	等待 1 秒	程序保持上次的状态 1s
运算符	◯ ≥ ◯	大于或等于判断

大显身手

请跟随图图和灵灵，一起探索发光的雨鞋是怎样实现的吧！

> **小贴士：一定要注意安全！**
> 连接电子电路时留意杜邦线、电路板等的插针或引脚，注意安全，避免扎伤。

挑战一：让灯带亮起来

硬件连接：连接灯带（见图 1-13）。

白色线—D13（数字引脚13）
红色线—V_{CC}（电源5V）
黑色线—GND（接地）

图 1-13 灯带的连接方式

软件编程（见图 1-14）。

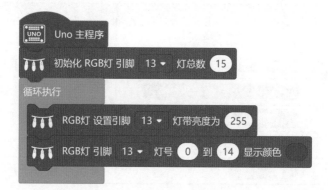

图 1-14 挑战一的测试程序

挑战二：通过水分传感器控制灯带的灯改变颜色

硬件连接：连接水分传感器（见图 1-15）。

蓝色线—A0（模拟引脚0）
红色线—V_{CC}（电源5V）
黑色线—GND（接地）

图 1-15 水分传感器的连接方式

软件编程（见图 1-16）。

示例程序运行效果图（见图 1-17）。

初始化 RGB灯 引脚 13 ▾ 灯总数 15

循环执行

如果 读取引脚 A0 ▾ 水分传感器 >= 500 那么执行

RGB灯 设置引脚 13 ▾ 灯带亮度为 100

RGB灯 引脚 13 ▾ 灯号 0 到 14 显示颜色

否则

RGB灯 设置引脚 13 ▾ 灯带亮度为 100

RGB灯 引脚 13 ▾ 灯号 0 到 14 显示颜色

图 1-16　挑战二的测试程序

尝试描述程序运行效果：

运行程序时，＿＿＿＿＿＿＿

＿＿＿＿＿＿＿＿＿＿＿＿

＿＿＿＿＿＿＿＿＿＿＿＿

＿＿＿＿＿＿＿＿＿＿＿＿

＿＿＿＿＿＿＿＿＿＿＿＿

图 1-17　运行效果图

挑战三：通过水分传感器控制灯带呈现不同的效果

软件编程（见图 1-18）。

```
UNO  Uno 主程序
🎏 初始化 RGB灯 引脚 13 ▼ 灯总数 15
循环执行
   如果 [%] 读取引脚 A0 ▼ 水分传感器 >= 500  那么执行
      🎏 RGB灯 设置引脚 13 ▼ 灯带亮度为 225
      🎏 RGB灯 引脚 13 ▼ 灯号 0 到 14 显示颜色 ⬤
      等待 1 秒
      🎏 RGB灯 引脚 13 ▼ 灯号 0 到 14 显示颜色 ⬤
      等待 1 秒
      🎏 RGB灯 引脚 13 ▼ 灯号 0 到 14 显示颜色 ⬤
      等待 1 秒
   否则
      🎏 RGB灯 设置引脚 13 ▼ 灯带亮度为 255
      🎏 RGB灯 引脚 13 ▼ 灯号 0 到 14 显示颜色 ⬤
```

图 1-18　挑战三的测试程序

尝试描述程序运行效果：

运行程序时，＿＿＿＿＿＿＿＿

＿＿＿＿＿＿＿＿＿＿＿＿

＿＿＿＿＿＿＿＿＿＿＿＿

＿＿＿＿＿＿＿＿＿＿＿＿

＿＿＿＿＿＿＿＿＿＿＿＿

＿＿＿＿＿＿＿＿＿＿＿＿

我的小成就

同学们，你们的雨鞋亮起来了吗？让我们来一场雨鞋秀吧！

那我来当裁判喽！谁的雨鞋上安装的灯带最安全可靠呢？

我来秀一秀我的发光雨鞋吧！我把灯带黏在了雨鞋的最顶端，这样就能防水了。

谁的雨鞋上的灯效最酷炫呢？走起来！

是我是我！我的雨鞋在检测到雨水后，会亮一种颜色，几秒后会变成别的颜色，很酷的！

同学们，你们的雨鞋秀太精彩了，真是一场视觉盛宴！忍不住为你们的创造力鼓掌啦！

AI 爱创新

同学们，我也穿这双雨鞋踩水了哦，真是开心极了！可是，主控板放在鞋里很不舒服，放在雨鞋外面又怕进水。你能做一双更舒服、更安全的发光的雨鞋吗？

分享你的创意吧！

创 意 方 案	画一画你的创意吧
方案一： 将主控板和灯带放在鞋底	

创 意 方 案	画一画你的创意吧
方案二：	
方案三：	

第三课　盲人眼镜

图图，盲人的出行太不方便了，他们行走的时候看不到障碍物，很容易被绊倒，只能依靠导盲杖。

灵灵，我有办法了。你看，他们习惯戴墨镜，我们可以给他们的墨镜增加障碍物提示的功能。

AI 大挑战

你们关心社会上需要帮助的人，这份爱心和责任感值得表扬！今天就为盲人设计一款有障碍物提示功能的眼镜吧。

准备好了

全力支持你们的想法！你们需要准备以下器材（见图1-19）：能检测距离的超声波传感器、主控板、能发出警示声音的蜂鸣器。

(a) 超声波传感器　　　(b) 主控板　　　(c) 蜂鸣器

图 1-19　需要准备的器材

奇思妙想

我知道超声波的作用，蝙蝠可以利用超声波判断猎物的距离。如果将超声波传感器装在眼镜上，就能知道前边有没有障碍物了。

图图，你真厉害。但是人类没有办法接收被障碍物反弹回来的超声波，可以用"滴滴"声或者其他声音给盲人发出警示。

对，就这么做，就像爸爸开车时的倒车雷达一样。而且如果与障碍物的距离越来越近，还可以让声音变得越来越急促。

你们的科学知识和生活经验很丰富，分析也很有条理，那下面我就为你们介绍一下用到的新元器件的功能吧！

感知部分：超声波传感器

超声波传感器通常有两个超声波元器件，一个用于发射，另一个用于接收。超声波发射器向某一方向发射超声波，在发射的同时开始计时，超声波在空气中传播，途中碰到障碍物就立即返回；超声波接收器收到反射波就立即停止计时。根据时间差和声波在空气中的传播速度可以计算出距离。

输出部分：蜂鸣器

蜂鸣器上有一个喇叭小标识，标明这是一个发声装置。可以使用蜂鸣器发出简单的音调，或者是响亮的报警。它结构简单、应用丰富，只需要高低电平信号就能够驱动，可以通过频率控制声音的音调，模拟生活中的许多声音。

同学们，盲人眼镜是怎样工作的呢？将实现过程补充完整吧！

初步方案

挑战方案

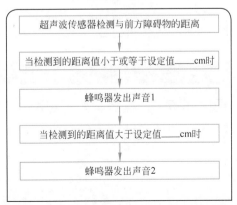

初步方案
超声波传感器检测与前方障碍物的距离
当检测到的距离值小于设定值＿＿cm时
蜂鸣器发出声音

挑战方案
超声波传感器检测与前方障碍物的距离
当检测到的距离值小于或等于设定值＿＿cm时
蜂鸣器发出声音1
当检测到的距离值大于设定值＿＿cm时
蜂鸣器发出声音2

快乐学编程

AI 小博士，请您给我们讲一讲怎样编程才能让超声波传感器探测出与障碍物之间的距离呢？

好，我来介绍一下给超声波传感器和蜂鸣器编程时会用到的模块和指令（见表1-3）吧！

表1-3　模块和指令

模 块	指　　令	功 能 描 述
Arduino	设置引脚 9 ▾ 喇叭\蜂鸣器音调为 1 低 C/C3 ▾ 节拍为 1/2 ▾	设置蜂鸣器音调及节拍
传感器	读取超声波传感器距离 单位 厘米 ▾ trig为 4 ▾ echo为 5 ▾	读取超声波传感器的距离值

大显身手

请跟随图图和灵灵，一起探索盲人眼镜是怎样实现的吧！

> **小贴士：一定要注意安全！**
> 　　连接电子电路时留意杜邦线、电路板等的插针或引脚，注意安全，避免扎伤。

> 挑战一：让蜂鸣器发出声音

硬件连接：连接蜂鸣器（见图1-20）。

软件编程（见图1-21）。

绿色线—D9（数字引脚9）
红色线—V_{CC}（电源5V）
黑色线—GND（接地）

图 1-20　蜂鸣器的连接方式

图 1-21　挑战一的测试程序

示例程序运行效果图（见图 1-22）。

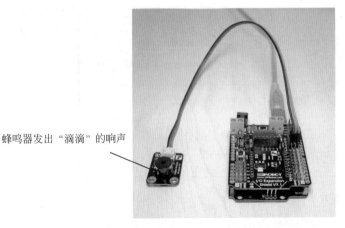

蜂鸣器发出"滴滴"的响声

图 1-22　运行效果图

挑战二：超声波传感器控制蜂鸣器发出声音

硬件连接：连接超声波传感器（见图1-23）。

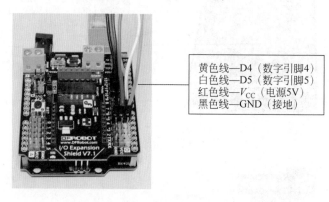

黄色线—D4（数字引脚4）
白色线—D5（数字引脚5）
红色线—V_{CC}（电源5V）
黑色线—GND（接地）

图 1-23　超声波传感器的连接方式

软件编程（见图1-24）。

图 1-24　挑战二的测试程序

尝试描述程序运行效果：

运行程序时，

当读取到与障碍物的距离_____时，蜂鸣器发出声音。

挑战三：随着与障碍物距离的不同，控制蜂鸣器发出不同的声音

软件编程（见图 1-25）。

Uno 主程序
循环执行
如果 读取超声波传感器距离 单位 厘米▾ trig为 4▾ echo为 5▾ >= 100 与 读取超声波传感器距离 单位 厘米▾ trig为 4▾ echo为 5▾ <= 200 那么执行
设置引脚 9▾ 喇叭蜂鸣器音调为 1 中 C/C4 节拍为 1/2▾
否则 如果 读取超声波传感器距离 单位 厘米▾ trig为 4▾ echo为 5▾ < 100 那么执行
设置引脚 9▾ 喇叭蜂鸣器音调为 1 高 C/C5 节拍为 1/4▾

图 1-25　挑战三的测试程序

尝试描述程序运行效果：

运行程序时，

当读取到与障碍物的距离_____时，蜂鸣器发出声音 1；

当读取到与障碍物的距离_____时，蜂鸣器发出声音 2。

示例程序运行效果图（见图 1-26）。

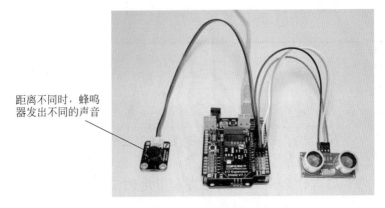

距离不同时，蜂鸣器发出不同的声音

图 1-26　运行效果图

我的小成就

同学们，你的盲人眼镜可以工作了吗？可以用乐高零件或者硬纸板做一副镜框，试一试产品的性能吧！

我愿意试戴，并根据我的体验为每个产品给出测评哦。

设计师	盲人眼镜的性能			整体评价 （满分 ★★★★★）
	安全性	美观性	舒适性	
1组				
2组				
3组				
4组				
5组				
6组				

AI 爱创新

同学们，这些盲人眼镜在平路上都能比较快速地给出警示，但是如果在前面有台阶或者坑的情况下还能够有效地给出警示吗？你有什么创意能提高盲人行走的安全性吗？

分享你的创意吧!

我的创意方案:

第二单元
食

学习目标

（1）了解视觉传感器可以识别物体的颜色和形状等功能，用于对物体进行识别和分类。

（2）认识液晶显示屏（Liquid Crystal Display，LCD）、伺服电动机、舵机三种输出设备。

（3）能够分析简单系统构成，根据具体情境，设计方案解决实际问题。

（4）了解顺序、分支和循环三种编程结构，能够分析简单程序的执行过程和结果。

从健康饮食"小护士"，到食品安全"小管家"……人工智能在现有的应用领域基础上，也逐渐展开了对食物领域的全面探索。

人工智能的图像识别能力已经得到广泛应用，如人脸识别手机屏幕解锁、人脸识别移动支付等。在食物识别上的应用，如通过算法识别食物种类，然后可以知道食物所富含的营养成分，为人们的健康饮食提供建议和选择；还可以对营养摄入效果进行分析，如在进食前拍一张照片（见图2-1），AI营养师立即进行识别并分析营养配比，给予反馈，帮助人们构建健康的食谱。不止人类，小宠物也需要合理健康的饮食哦！人工智能怎样保障健康饮食、高品质生活呢？请跟随机器人小智，一起开启舌尖上的 AI 探索之旅吧！

图 2-1　AI 营养师（网络配图）

第一课　烘焙小精灵

妙趣生活

AI 大挑战

发面需要适宜的温度：最佳温度在 25~35℃，一般不要超过 40℃，超过这个温度酵母的活性会大大降低，影响发面的效果。面团在这个温度下，2~3h 便可完成发酵。准备好食材（见图 2-2），一起挑战吧！

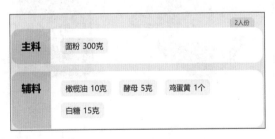

图 2-2　发面需要准备的食材

图图，只要掌握好发面的温度，就是成功的开始啊！

可没有这么简单，不同季节发面的时间和效果都是不同的。夏天室温高，发面需要的时间短；冬天室温低，发面需要的时间长。

图图说得对！温度对发面所需的时间影响很大，所以要尽量让面团在最适宜的温度中发酵！让我们制作一个烘焙小精灵来检测发酵过程中的温度吧！

准备好了

我都迫不及待地准备开始了！期待你们成功地做出发面葱油饼哦！你们需要准备以下器材（见图2-3）：能检测面团温度的温湿度传感器、主控板、能显示温度的LCD、LED灯。

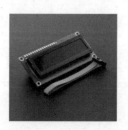

(a) 温湿度传感器　　　　(b) 主控板　　　　(c) LCD　　　　(d) LED灯

图2-3　需要准备的器材

奇思妙想

> 我来介绍一下 LCD，它可以实时显示检测到的温度。

输出部分：LCD

　　LCD 是彩色背光液晶显示屏，做工精致美观，采用高集成度设计，外观小巧，整体尺寸为 87mm×32mm×13mm，工作温度为 –20~70℃，存放温度为 –30~80℃。

同学们，烘焙小精灵是怎样工作的呢？将实现过程补充完整吧！

方案一　　　　　　　　　　　　　　方案二

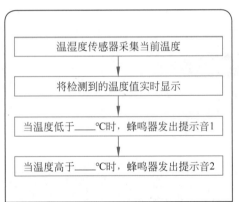

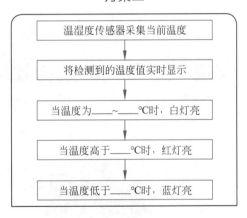

快乐学编程

怎样把检测到的温度值显示在 LCD 上呢？让我来介绍一下用到的模块和

指令（见表 2-1）吧！

表 2-1　模块和指令

模　　块	指　　令	功　能　描　述
控制	等待 **1** 秒	程序保持上次的状态 1s
运算符	合并 "HELLO" "WORLD"	合并字符串
显示器	初始化I2C液晶显示屏 地址为 0x27	初始化 LCD 通信地址
	I2C液晶显示屏清屏	清除 LCD 显示内容
	I2C液晶显示屏在第 **1** 行显示 "HELLO"	LCD 第一行显示 HELLO
传感器	读取引脚 5 ▾ DHT11 ▾ 温度(℃) ▾	读取温湿度传感器的温度值

大显身手

请跟随图图和灵灵，一起探索烘焙小精灵是怎样实现的吧！

> **小贴士：一定要注意安全！**
>
> 　　连接电子电路时留意杜邦线、电路板等的插针或引脚，注意安全，避免扎伤。

挑战一：LCD 显示 HELLO WORLD

硬件连接：连接 LCD（见图 2-4）。

红色线—V_{CC}（电源5V）
黑色线—GND（接地）
黄色线—SCL（控制线）
白色线—SDA（数据线）

图 2-4　LCD 的连接方式

软件编程（见图2-5）。

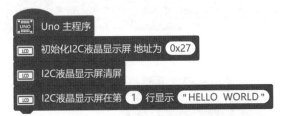

图 2-5　挑战一的测试程序

挑战二：LCD 显示当前温湿度传感器的检测值

硬件连接：连接温湿度传感器（见图2-6）。

蓝色线—D5（数字引脚5）
红色线—V_{CC}（电源5V）
黑色线—GND（接地）

图 2-6　温湿度传感器的连接方式

软件编程（见图2-7）。

图 2-7　挑战二的测试程序

挑战三：烘焙小精灵工作，温度适宜时 LED 灯亮，作为温度正常指示灯

硬件连接：连接 LED 灯（见图 2-8）。

白色线—D4（数字引脚4）
红色线—V_{CC}（电源5V）
黑色线—GND（接地）

图 2-8　LED 灯的连接方式

软件编程（见图 2-9）。

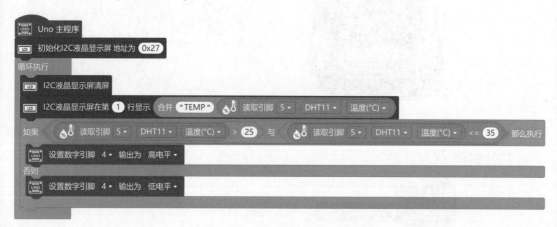

图 2-9　挑战三的测试程序

示例程序运行效果图（见图 2-10）。

图 2-10　运行效果图

我的小成就

同学们，你们的烘焙小精灵开始工作了吗？让我们来试一试它的效果吧！

孩子们，刚好我揉了一盆面，我要选一个最可靠的烘焙小精灵来帮忙检测整个发酵过程。

设计师	烘焙小精灵的功能及其实现方式	整体评价 （满分 ★★★★★）
1组	温度不在设定的适宜温度区间内时，红色 LED 灯亮	
2组	温度不在设定的适宜温度区间内时，LED 灯灭	
3组	温度不在设定的适宜温度区间内时，蜂鸣器发出警报	
4组	温度不在设定的适宜温度区间内时，灯带改变颜色	
5组	温度高于设定的适宜温度区间上限时，红色 LED 灯亮； 温度低于设定的适宜温度区间下限时，蓝色 LED 灯亮	
6组	温度在设定的适宜温度区间内时，灯带闪烁； 温度不在设定的适宜温度区间内时，灯带呈现红色常亮	

 你们的方案各有千秋，放面盆里实测一下吧！

同学们，你们的生活小技能又提升了，今天晚上回家要帮助妈妈一起做发面葱油饼哦！

AI 爱创新

 初次尝试发面的同学可能不太清楚制作不同的食品需要发面的适宜温度和时长，可以在烘焙小精灵开始工作后将相关内容显示在 LCD 上。你还能为烘焙小精灵增加其他功能吗？说一说你的创意。

分享你的创意吧！

创 意 想 法	方 案 设 计
显示不同温度需要的不同发面时长信息	根据自己的需求选择是低温发面还是高温发面，两种发面速度不一样。面粉中的酵母菌活性在高温时比较高，低温时比较低。在 5~10℃ 的低温环境中，用保鲜膜密封后的面团需要 8~10h 发酵；在 25~35℃ 的常温环境中，则只需要 3h 左右就能将面团发酵
发面结束时给出提示	
当发面温度高于或低于适宜温度时，采取措施，维持适宜温度	

第二课 超市小帮手

妙趣生活

图图，这些红苹果看着就觉得好好吃啊！真是辛苦超市的工作人员了，把红苹果一个个地拣出来。

还真要谢谢这些工作人员。如果能自动分拣红苹果就好了，这样效率会高很多。

AI 大挑战

图图、灵灵，你们真善于观察生活，为了能够高效、准确地将生苹果和熟苹果分出来，我们制作一个超市小帮手，来帮助超市的工作人员吧！

准备好了

超市的工作人员肯定会非常感谢你们的超市小帮手的。你们需要准备以下器材（见图2-11）：能检测苹果颜色的视觉传感器、主控板、能带动机械臂做分拣动作的伺服电动机。

(a) 视觉传感器   (b) 主控板   (c) 伺服电动机

图 2-11　需要准备的器材

奇思妙想

在识别了苹果的颜色之后，主控板就能根据识别的结果控制伺服电动机运动，真是分拣苹果的"小能手"。

摄像头不仅能拍照，还能识别物体的颜色，真神奇！它是怎么工作的呢？

我来介绍几个"新伙伴"吧！虽然都是"输入（传感器）—计算（控制器）—输出（LED灯、蜂鸣器、伺服电动机等）"这样的流程，但是它们的样子差异还是挺大的呢！

感知部分：视觉传感器

　　智能摄像头是一款人工智能视觉传感器，采用 AI 芯片，内置机器学习技术，具有人脸识别、物体识别、物体追踪、颜色识别、巡线、二维码标签识别等功能，识别结果会通过串口传给主控板。

控制部分：主控板

　　主处理器 RK3399 采用双核 Cortex-A72 大核 + 四核 Cortex-A53 小核结构。主控板接口丰富，可以连接多个外部设备。主控板接口如图 2-12 所示。

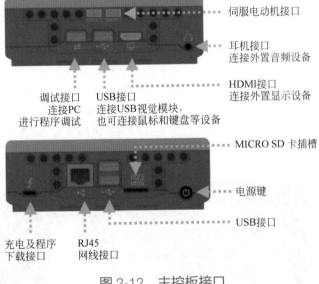

伺服电动机接口

耳机接口
连接外置音频设备

HDMI接口
连接外置显示设备

调试接口　　　USB接口
连接PC　　　　连接USB视觉模块，
进行程序调试　也可连接鼠标和键盘等设备

MICRO SD 卡插槽

电源键

USB接口

充电及程序　　RJ45
下载接口　　　网线接口

图 2-12　主控板接口

输出部分：伺服电动机

　　伺服电动机能为机械结构提供强大的驱动能力。通过主控板控制驱动并返回运转数据，可实现正反转，并且可对伺服电动机的转动角度进行精准控制。

同学们，超市小帮手是怎样工作的呢？将实现过程补充完整吧！

```
智能摄像头识别当前苹果的颜色
        ↓
     判断识别到的颜色
        ↓
识别到红色时，伺服电动机＿＿转
动，将红色苹果分拣到左侧
        ↓
识别到不是红色时，伺服电动机＿＿转
动，将不是红色的苹果分拣到右侧
```

快乐学编程

　　AI小博士，这些新面孔的伙伴怎样编程呢？还可以用我们熟悉的软件平台吗？

　　让我来介绍一下它们适用的编程界面（见图2-13）吧！

图2-13　编程界面

注：全书界面中的电机为伺服电动机。

大显身手

请跟随图图和灵灵，一起探索超市小帮手是怎样实现的吧!

挑战一：搭建超市小帮手的硬件结构

硬件搭建（见图2-14）。

图2-14 硬件搭建

挑战二：编程启动超市小帮手分拣苹果

软件编程（见图2-15和图2-16）。

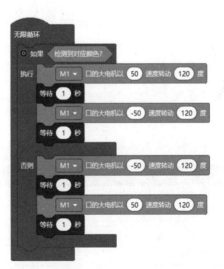

图2-15 视觉模块初始化 图2-16 分拣程序

我的小成就

同学们，你们的超市小帮手能顺利开展工作了吗？超市的叔叔阿姨们可等着用你们的创意作品呢！

没有问题！我的超市小帮手已经帮忙分了好多苹果了！都比较准确。

我的超市小帮手也能工作了，但是每次都需要手动放上去一个苹果，有这个工夫就直接分拣出来了。

所以还需要制作自动传送苹果的传送带，真是一项不小的工程。在真实的生产车间或者流水线上，都是这样协同工作来完成任务的。同学们可以在课下做出来，试试效果哦！

AI 爱创新

分拣苹果可以用颜色区分生熟，其他水果如何分拣呢？经常看到超市的工作人员一颗一颗地分拣草莓，草莓那么软，该怎样进行分拣呢？还有猕猴桃、樱桃等，说一说你们的创意方案吧！

分享你的创意吧！

水 果 种 类	分拣方案设计
樱桃	
草莓	
猕猴桃	
西瓜	
⋮	

第三课　宠物投食器

妙趣生活

放假了，家人们要出去旅游一个星期，留我自己在家，我的饭可怎么解决啊？

AI 大挑战

图图，我们一起做个宠物投食器吧，这样我们不在家的时候也能及时给小狗喂食啦！

准备好了

拥有这样有爱的小主人，它真是一只幸福的小狗！你们需要准备以下器材（见图2-17）：能检测小狗的视觉传感器、主控板、能带动投食机开关小范围开合的舵机。

(a) 视觉传感器　　　　　　(b) 主控板　　　　　(c) 舵机

图 2-17　需要准备的器材

奇思妙想

这个智能摄像头不仅可以识别苹果的颜色，竟然还可以识别我的小狗！真是太神奇了！

我来介绍一下这个跟伺服电动机不一样的驱动器——舵机。

> **输出部分：舵机**
>
> 舵机模块与伺服电动机相似，但并不能持续转动，其可以转动 0°~180° 的任意一个精准角度。

同学们，宠物投食器是怎样工作的呢？将实现过程补充完整吧！

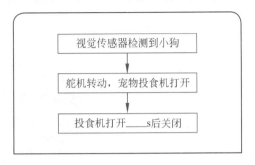

视觉传感器检测到小狗

↓

舵机转动，宠物投食机打开

↓

投食机打开＿＿s后关闭

大显身手

请跟随图图和灵灵，一起探索宠物投食器是怎样实现的吧！

挑战一：搭建宠物投食器的硬件结构

硬件搭建（见图 2-18）。

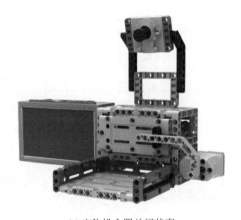

(a) 宠物投食器关闭状态

(b) 宠物投食器打开状态

图 2-18　硬件搭建

挑战二：定时定量投喂食物

软件编程（见图2-19和图2-20）。

图2-19　视觉模块初始化

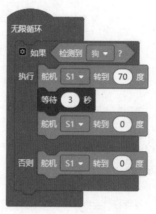

图2-20　投喂程序

我的小成就

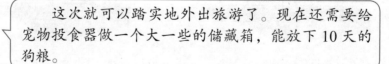

　　同学们，你们的宠物投食器能顺利喂食了吗？时不我待，出发旅游的日子即将到来，快快测试你们的作品吧！

　　太开心了，宠物投食器可以识别我家的小狗，还给它喂食了呢。

　　这次就可以踏实地外出旅游了。现在还需要给宠物投食器做一个大一些的储藏箱，能放下10天的狗粮。

AI 爱创新

> 　　如果家里喂养的宠物多，又有猫咪、又有小狗，怎样识别不同的宠物并给它们分别喂食呢？说一说你们的创意方案吧！

分享你的创意吧！

创 意 方 案	喂食方案设计
方案一	
方案二	
方案三	

第三单元
住

学习目标

（1）了解光线传感器、土壤湿度传感器、近场通信（Near Field Communication，NFC）模块的功能，能够应用三种传感器解决生活中的实际问题。

（2）通过图形化编程对传感器采集的数据进行分析、运算，能利用自然语言、流程图等方式描述求解简单问题的算法，并对算法的正确性与执行效率进行讨论和辨析。

（3）通过观察身边的真实案例，了解一个大的系统可以分解为几个小的系统，一个系统也可以划分出功能相对独立的多个模块。

（4）通过分析典型应用场景，了解控制器可用于实现过程与控制，可通过编程验证过程与控制系统的设计。

白天，爸爸妈妈在外面辛苦工作，同学们在学校认真学习，到了晚上，我们都想回到温馨有爱的家。智能家居（见图 3-1）以住宅为平台，利用多项技术将家居生活有关的设施集成，构建高效的住宅设施与家庭日常事务的管理系统，提升家居的安全性、便利性、舒适性和艺术性。本单元我们就和图图、灵灵一起改善他们的智能之家。

图 3-1　智能家居（网络配图）

第一课　智能台灯

妙趣生活

图图，我每次写作业的时候都觉得眼睛不舒服。这个台灯的光好亮，可是拧小一挡就又有点暗，总是调不到舒服的亮度！

灵灵，我也是这种感觉，可能我们需要换一个智能台灯了！

AI 大挑战

台灯的光照亮度对眼睛的影响很大，一定要用最舒服的灯光才能保护眼睛！我们一起改造这个台灯吧，让灯光的强度随环境光线的亮度进行自动调节。

准备好了

眼睛是心灵的窗户，一定要保护好眼睛！你们需要准备以下器材（见图3-2）：能检测环境光线亮度的光线传感器、主控板、可调节亮度的 LED 灯。

(a) 光线传感器　　　　　(b) 主控板　　　　　(c) LED灯

图 3-2　需要准备的器材

奇思妙想

让我来介绍一下新设备的功能吧！

感知部分：光线传感器

光线传感器可以用来对环境光线的强度进行检测，通常用来制作随光线强度变化产生特殊效果的互动作品。

同学们，智能台灯是怎样工作的呢？将实现过程补充完整吧！

通过光线传感器采集环境光强度

控制器对亮度数值进行计算，当环境
光强度＿＿＿时，LED灯亮度增强；当
环境光强度＿＿＿时，LED灯亮度减弱

计算结果输出给LED灯执行

快乐学编程

AI 小博士，光线传感器是怎样获取当前环境的光
线强度的呢？ LED 灯的光照强度又是怎样调节的呢？

让我来介绍一下用到的模块和指令（见表 3-1）吧！

表 3-1　模块和指令

模　　块	指　　令	功 能 描 述
运算符	⬤ - ⬤	减运算
	⬤ / ⬤	除运算
Arduino	设置pwm引脚 5 ▾ 输出 200	设置数字引脚 5 输出脉冲信号
	串口 字符串输出 ▾ hello 换行 ▾	串口输出字符串
传感器	读取引脚 A0 ▾ 环境光	读取模拟光线传感器的数值

大显身手

请跟随图图和灵灵，一起探索智能台灯是怎样工作的吧！

> **小贴士：一定要注意安全！**
>
> 连接电子电路时留意杜邦线、电路板等的插针或引脚，注意安全，避免扎伤。

挑战一：让 LED 灯的亮度发生变化

硬件连接：连接 LED 灯（见图 3-3）。

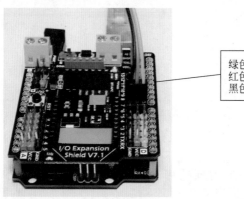

绿色线—D9（数字引脚9）
红色线—V_{CC}（电源5V）
黑色线—GND（接地）

图 3-3　LED 灯的连接方式

软件编程（见图 3-4）。

尝试描述程序运行效果：

运行程序时，_____

_____

_____

_____

Uno 主程序
循环执行
　设置pwm引脚 5 输出 3
　等待 1 秒
　设置pwm引脚 5 输出 80
　等待 1 秒
　设置pwm引脚 5 输出 255
　等待 1 秒

图 3-4　挑战一的测试程序

挑战二：光线传感器采集当前环境光强度，通过串口助手显示

软件编程（见图 3-5）。

图 3-5 挑战二的测试程序

挑战三：调节 LED 灯光强度，让眼睛感觉舒适

软件编程（见图 3-6）。

图 3-6 挑战三的测试程序

尝试描述程序运行效果：

运行程序时，

当光线传感器读取到的环境光强度＿＿＿＿＿＿时，LED 灯亮度减弱；

当光线传感器读取到的环境光强度＿＿＿＿＿＿时，LED 灯亮度适宜；

当光线传感器读取到的环境光强度＿＿＿＿＿＿时，LED 灯亮度增强。

示例程序运行效果图（见图 3-7）。

图 3-7　运行效果图

我的小成就

同学们，你们的智能台灯顺利工作了吗？可以用积木或者硬纸板搭建灯架，安装上我们的智能台灯小系统。教室的环境光要发生变化了哦。做好准备！

好，同学们请闭眼，我要拉上窗帘了。

哇，教室瞬间变暗了。老师，我的台灯变亮了。

再来，同学们请闭眼，我要开灯了。

老师老师，我的台灯刚才在您拉上窗帘时变亮了，在您打开教室的大灯后又变暗了！整个过程眼睛很舒服。

同学们，你们的台灯也太智能了。虽然智能台灯对于保护眼睛很重要，但是正确的坐姿和用眼习惯同样也很重要。

AI 爱创新

　　除了利用环境光强度来调节智能台灯的亮度以外，通过声音传感器、触摸开关、人体红外传感器等模块都可以控制 LED 灯，有时候需要多种控制方式才能满足人们的实际需求，请你分享一个例子吧！

分享你的创意吧！

生 活 场 景	方 案 设 计
案例一	
案例二	

第二课 浇花园丁

妙趣生活

好开心，我把教室的这些植物照顾得真好。

灵灵，你快教教我。我负责的那些花长得可没这么好。我每天既担心它们缺水，又怕水浇多了。

AI 大挑战

水培植物比较容易看出是否缺水，那么土培植物怎么办呢？我来介绍一个能解决问题的土壤湿度传感器。利用它做一个浇花园丁吧，帮助我们好好照顾班里的植物。

准备好了

有了浇花园丁，咱们班的植物肯定会郁郁葱葱、欣欣向荣！你们需要准备以下器材（见图3-8）：能检测土壤湿度的土壤湿度传感器、主控板、灯带。

(a) 土壤湿度传感器　　　　(b) 主控板　　　　(c) 灯带

图 3-8　需要准备的器材

奇思妙想

让我来介绍一下新设备的功能吧！

感知部分：土壤湿度传感器

土壤湿度传感器是一个简易的水分传感器，可用于检测土壤的水分。当土壤缺水时，土壤湿度传感器输出值将减小，反之将增大。将它插入土壤，然后使用 A/D 转换器读取数值。在它的帮助下，植物会提醒您："主人，我渴了，请给我一点水。"

同学们，浇花园丁是怎样工作的呢？将实现过程补充完整吧！

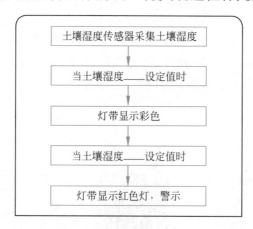

快乐学编程

 土壤湿度传感器是怎样获取土壤湿度值的呢？让我来介绍一下用到的模块和指令（见表 3-2）吧！

表 3-2　模块和指令

模　块	指　　令	功 能 描 述
传感器	读取引脚 A0 ▾ 土壤湿度传感器	读取土壤湿度传感器的值
显示器	初始化 RGB灯 引脚 13 ▾ 灯总数 15	初始化灯带的 RGB 灯个数
	RGB灯 设置引脚 13 ▾ 灯带亮度为 255	定义灯带亮度
	RGB灯 引脚 13 ▾ 灯号 0 到 14 显示颜色	定义 RGB 灯的颜色

大显身手

请跟随图图和灵灵，一起探索浇花园丁是怎样实现的吧!

> **小贴士：一定要注意安全!**
> 连接电子电路时留意杜邦线、电路板等的插针或引脚，注意安全，避免扎伤。

挑战一：采集当前土壤的湿度值，并用串口显示

硬件连接：连接土壤湿度传感器（见图 3-9）。

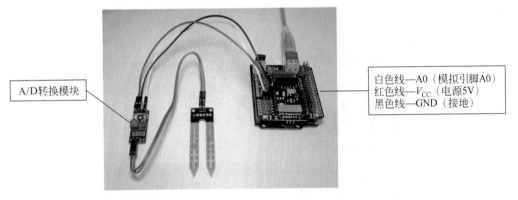

图 3-9 土壤湿度传感器的连接方式

软件编程（见图 3-10）。

图 3-10 挑战一的测试程序

尝试描述程序运行效果：

测 试 过 程	读取传感器数值	模拟土壤状态	发　　现
将湿纸巾盖在土壤湿度传感器上		模拟土壤湿润状态	数值越_____，越湿润
将土壤湿度传感器暴露在干燥空气中		模拟土壤干燥状态	数值越_____，越干燥

> **挑战二**：利用土壤湿度传感器控制灯带颜色

硬件连接：连接灯带（见图3-11）。

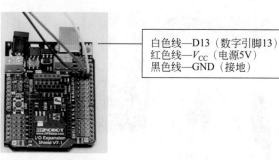

白色线—D13（数字引脚13）
红色线—V_{CC}（电源5V）
黑色线—GND（接地）

图 3-11　灯带的连接方式

软件编程（见图3-12）。

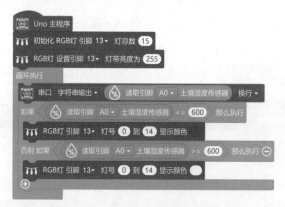

图 3-12　挑战二的测试程序

尝试描述程序运行效果：

> 运行程序时，
>
> 当检测到土壤湿度_____时，灯带_____；说明土壤缺水 / 不缺水；
>
> 当检测到土壤湿度_____时，灯带_____；说明土壤缺水 / 不缺水。

示例程序运行效果图（见图 3-13）。

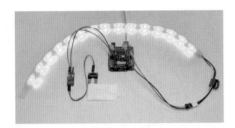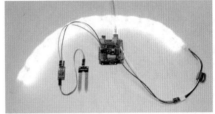

图 3-13 运行效果图

挑战三：应用浇花园丁照顾班级植物

软件编程（见图 3-14）。

图 3-14 挑战三的测试程序

尝试描述程序运行效果：

> 运行程序时，
> 当检测到土壤湿度_____时，灯带_____；说明土壤缺水／不缺水；
> 当检测到土壤湿度_____时，灯带_____；说明土壤缺水／不缺水。

示例程序运行效果图（见图3-15）。

图 3-15　运行效果图

我的小成就

> 同学们，你们的浇花园丁可以工作了吗？为教室的盆花分配浇花园丁吧，照顾好这些可爱的植物哦！

盆 花 编 号	浇花园丁负责人	观 察 记 录	
		灯带的工作状态	植物的生长情况
1			
2			
3			
4			
5			
6			

AI 爱创新

同学们，浇花园丁现在可以及时地提醒人们植物是否缺水，是否需要浇水。请你想一想，如果增加水泵，能够实现缺水时自动浇水吗？说一说你的实施方案吧！

分享你的创意吧！

你 的 想 法	画一画你的方案

第三课　安　全　门　锁

妙趣生活

灵灵又把家里钥匙弄丢了，妈妈说必须得换门锁，否则太不安全了。好想要一个安全门锁呀！

AI 大挑战

人们为了保护室内财产安全和人身安全，安装了锁具。如果丢了钥匙，需要更换锁芯，是件费时费力又费钱的事。我们做一个刷卡就能开门的安全门锁吧！

准备好了

有了这个安全门锁，妈妈再也不用担心你们忘记带钥匙，也不用害怕你们丢钥匙了。你们需要准备以下器材（见图 3-16）：NFC 模块、主控板、蜂鸣器、舵机。

(a) NFC模块　　　　　　　(b) 主控板　　(c) 蜂鸣器　　(d) 舵机

图 3-16　需要准备的器材

奇思妙想

让我来介绍一下新设备的功能吧！

感知部分：NFC 模块

NFC 又称近距离无线通信，允许电子设备之间进行非接触式点对点数据传输（10cm 内）以交换数据。由于 NFC 具有天然的安全性，因此 NFC 技术被广泛用于移动支付、公交卡、银行卡、门禁卡、饭卡等多种场合。

同学们，安全门锁是怎样工作的呢？将实现过程补充完整吧！

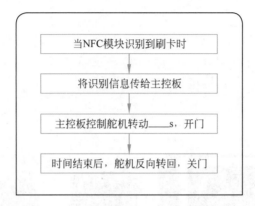

当NFC模块识别到刷卡时

将识别信息传给主控板

主控板控制舵机转动＿＿＿s，开门

时间结束后，舵机反向转回，关门

快乐学编程

AI 小博士，NFC 模块是怎样识别刷卡的呢？又怎样用舵机模拟门的开关呢？

让我来介绍一下用到的模块和指令（见表 3-3）吧！

表 3-3 模块和指令

模　块	指　　令	功 能 描 述
Arduino	设置引脚 9▾ 喇叭蜂鸣器音调为 1 低 C/C3 节拍为 1/2▾	设置蜂鸣器音调及节拍
通信模块	NFC) 初始化NFC模块接口 I2C	初始化 NFC 模块接口
	NFC) 检测到卡片？	判断 NFC 模块是否检测到卡片
	NFC) 检测到卡片 UID： "4978ef9c" ？	读取 NFC 模块检测到卡片的 UID
执行器	设置 11▾ 引脚伺服舵机为 90 度	控制舵机旋转到 90°
	设置 11▾ 引脚伺服舵机为 0 度	控制舵机旋转到 0°

大显身手

请跟随图图和灵灵，一起探索安全门锁是怎样实现的吧！

> **小贴士：一定要注意安全！**
> 连接电子电路时留意杜邦线、电路板等的插针或引脚，注意安全，避免扎伤。

挑战一：识别刷卡，串口显示 hello

硬件连接：连接 NFC 模块（见图 3-17）。

红色线—V_{CC}（电源5V）
黑色线—GND（接地）
蓝色线—SCL（控制线）
绿色线—SDA（数据线）

图 3-17　NFC 模块的连接方式

软件编程（见图 3-18）。

图 3-18　挑战一的测试程序

▶ 挑战二：识别刷卡后开门

硬件连接：连接舵机（见图3-19）。

黄色线—D9（数字引脚9）
红色线—V_{CC}（电源5V）
棕色线—GND（接地）

图3-19 舵机的连接方式

软件编程（见图3-20）。

Uno 主程序

NFC)) 初始化NFC模块接口 I2C

循环执行

如果 NFC)) 检测到卡片? 那么执行

如果 NFC)) 检测到卡片 UID: "2d6332f9" ? 那么执行

设置 9 ▼ 引脚伺服舵机为 90 度

等待 1 秒

设置 9 ▼ 引脚伺服舵机为 0 度

图3-20 挑战二的测试程序

▶ 挑战三：识别刷卡后蜂鸣器发出声音，开门

硬件连接：连接蜂鸣器（见图3-21）。

绿色线—D3（数字引脚3）
红色线—V_{CC}（电源5V）
黑色线—GND（接地）

图 3-21 蜂鸣器的连接方式

软件编程（见图 3-22）。

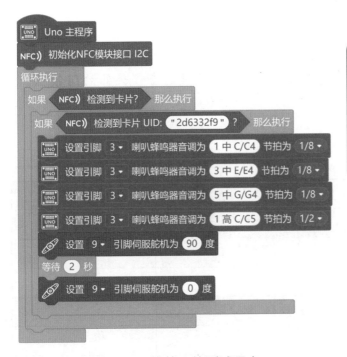

尝试描述程序运行效果：

运行程序时，
若检测到卡片，蜂鸣器
提示音响，刷卡成功，
舵机转动，开门____s
后关门。

图 3-22 挑战三的测试程序

示例程序运行效果图（见图 3-23）。

图 3-23　运行效果图

我的小成就

同学们，你们的安全门锁可以工作了吗？可以为自己的安全门锁设置独特的刷卡成功提示音，让你的门锁独一无二。

安全门锁设计团队	门 锁 性 能		整体评价（满分 ★★★★★）
	安全性	趣味性	
1组			
2组			
3组			
4组			
5组			
6组			

AI 爱创新

> 同学们，还有什么开锁方式能为人们带来便捷和安全呢？指纹、瞳孔、面容、声纹……你可以尝试着分析这些方式的优缺点，并提出你的创意。

分享你的创意吧！

智 能 方 案	优 缺 点
你的方案（指纹、瞳孔、面容……）	

第四单元

行

学习目标

（1）通过分析典型物联网应用、使用物联设备、搭建简易物联系统等途径，指导学生读取、发送、接收和使用数据。以巡线小车为载体，了解光敏传感器的工作原理，应用光敏传感器采集到的数据信息控制巡线小车。

（2）应用视觉传感器进行物体识别、二维码识别，获取物体信息。

（3）物联网技术的广泛应用将带来全新的挑战，如集成了多种高新技术的无人驾驶技术，针对无人驾驶车、有人驾驶车混行的交会路面，如何设计最合理的会车及让行规则……引导学生思考，勇于创新，共同憧憬并探究未来物联世界的奥秘。

随着人工智能技术的不断发展，无人驾驶、智慧物流等技术越来越多地走进人们的日常生活。基于人工智能的各种车辆、机器人等智能装置已经成为交通、物流运输、工厂生产等系统的主角。智能交通（见图 4-1），是一个集环境感知、规划决策、自动行驶等功能于一体的综合系统，它集中地运用了计算机、传感、信息、通信、导航及自动控制等技术，是典型的高新技术综合体。

图 4-1　智能交通（网络配图）

第一课　巡线小车

妙趣生活

图图，这些机器人是怎样认识路的呢？不会把我们的菜送到别的桌子上去吧？

它们身上有很多的传感器啊，但最重要的是巡线的光敏传感器，你看到地上那些线了吗？

AI 大挑战

图图、灵灵，你们真是善于观察生活。怎样设计制作一个能够"认识"道路的机器人呢？

准备好了

　　我就是这样工作的哦！你们需要准备以下器材（见图 4-2）：能够识别道路轨迹的光敏传感器、主控板、能够带动机械结构运动的伺服电动机。

(a) 光敏传感器　　　　　(b) 主控板　　　　　(c) 伺服电动机

图 4-2　需要准备的器材

奇思妙想

　　我们在第二单元的学习中已经认识了这个主控板和伺服电动机，但是不清楚光敏传感器是怎样工作的。

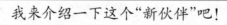

　　我也不太清楚，感觉它能识别环境光强度，可是怎样利用这个信息识别道路轨迹呢？

　　我来介绍一下这个"新伙伴"吧！

感知部分：光敏传感器

　　光敏传感器由一个光敏电阻和两个 LED 灯组成，用于测量环境亮度和物体表面的灰度，LED 灯可以辅助照明，并可单独设置开启或关闭。

机器人巡线行驶（见图 4-3）。

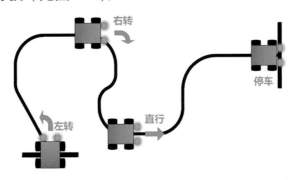

图 4-3　机器人巡线行驶

机器人巡线工作原理（见图 4-4）。

状　态	左光敏传感器 识别结果	右光敏传感器 识别结果	动　作
	黑色	白色	左转
	白色	黑色	右转
	白色	白色	直行
	黑色	黑色	停车

图 4-4　机器人巡线工作原理

同学们，巡线小车是怎样工作的呢？尝试将实现过程补充完整吧！

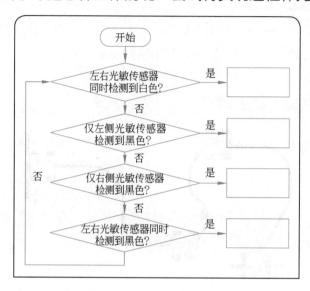

大显身手

请跟随图图和灵灵，一起探索巡线小车是怎样实现的吧！

挑战一：搭建巡线小车的硬件结构

硬件搭建（见图 4-5）。

图 4-5　硬件搭建

小贴士：

在制作过程中，注意安全，根据任务目标先进行硬件搭建，再通电测试。

挑战二：编程启动巡线小车，运送货物

软件程序（见图 4-6）。

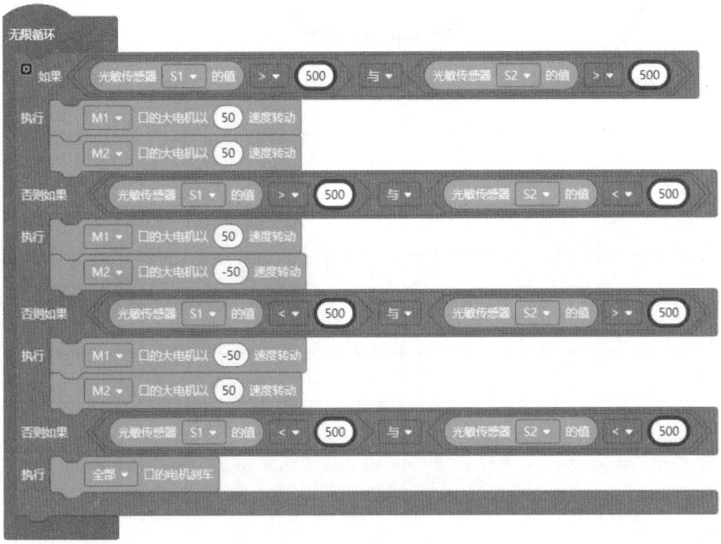

图 4-6 测试程序

我的小成就

同学们，你们的巡线小车成功运行了吗？让巡线小车为我们服务一下吧！

测试场地（见图 4-7）。

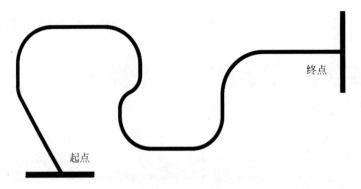

终点

起点

图 4-7　测试场地

巡线小车设计团队	巡线小车工作性能		整体评价（满分 ★★★★★）
	货物是否安全送达	到达终点所用时间	
1组			
2组			
3组			
4组			
5组			
6组			

AI 爱创新

　　巡线小车走得不稳，有时候出发速度很快，有时候急刹车，运送的菜有可能会从车上掉下来。怎样提高小车行驶的稳定性呢？说一说你们的创意方案吧。

分享你的创意吧!

我的解决方案:

第二课　宠物跟随者

妙趣生活

我眼前的这个小东西好奇怪，我靠近它，它后退，我走远了，它追我，跟它一起玩，还挺好玩！

AI 大挑战

它是小狗的好朋友，一直跟随在小狗身边哦。这个有趣又安全的距离感是怎么做到的呢？一起认识一下这个跟随者吧！

准备好了

我也想要这样的跟随者呢！你们需要准备以下器材（见图 4-8）：能够识别距离的视觉传感器、主控板、上节课搭建的巡线小车车体。

(a) 视觉传感器　　　　　(b) 主控板　　　　　(c) 巡线小车车体

图 4-8　需要准备的器材

奇思妙想

我们在第二单元的学习中已经认识了视觉传感器，学习了它识别颜色的功能，今天要利用它来识别距离。

同学们，宠物跟随者是怎样工作的呢？尝试将实现过程补充完整吧！

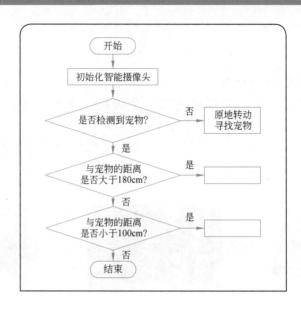

大显身手

请跟随图图和灵灵，一起探索宠物跟随者是怎样实现的吧！

挑战一：搭建宠物跟随者的硬件结构

硬件搭建（见图4-9）。

图4-9　硬件搭建

小贴士：

　　在制作过程中，注意安全，根据任务目标先进行硬件搭建，再通电测试。

挑战二：编程启动宠物跟随者，陪伴宠物

软件程序（见图 4-10 和图 4-11）。

图 4-10　视觉模块初始化

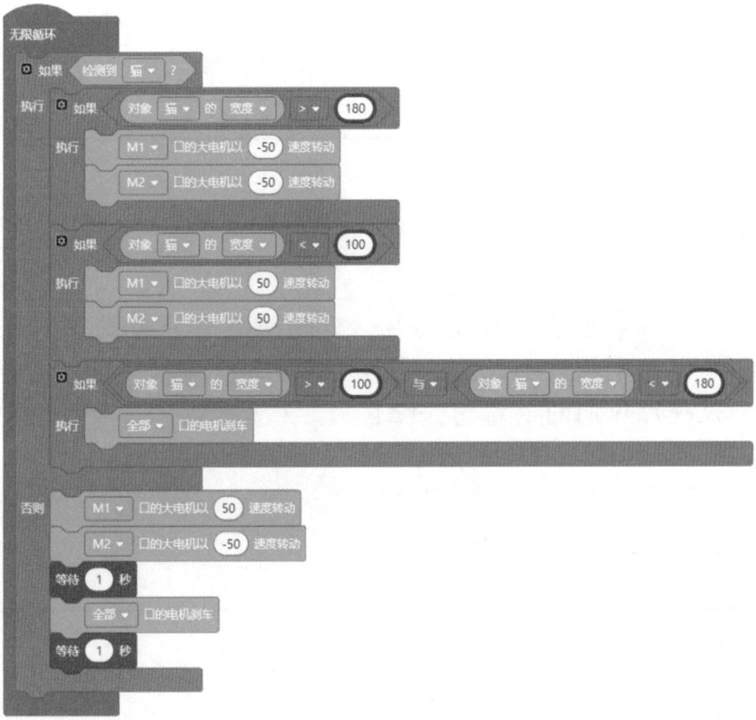

图 4-11　宠物跟随者程序

我的小成就

同学们，你们的宠物跟随者实现跟随了吗？快来分享它们和小宠物们之间的趣事儿吧！

宠物跟随者编号	宠物名字	跟随者名字	跟随效果	整体评价（满分 ★★★★★）
1号				
2号				
3号				
4号				
5号				
6号				

AI 爱创新

当家里有多只宠物时，宠物跟随者能否只识别并跟随某只确定的宠物？如果能，是怎样实现的？如果不能，它会跟随谁？说一说你们的创意想法吧！

分享你的创意吧！

我的解决方案：

第三课　物流小车

妙趣生活

物流小车接到快递很开心，心想：你是谁？你从哪里来？你要到哪里去？

这可难不倒物流小车，它会把货物准确地送到下个流程。

AI 大挑战

现代化社会的物流仓库中，靠的都是物流小车高效分拣，并准确投送。科技的发展日新月异，生活越来越方便、越来越高效。物流小车是怎样做到的呢？

准备好了

我也可以送货，但是物流小车才是最专业、最快捷、最高效的。你们需要准备以下器材（见图4-12）：视觉传感器、主控板、上节课搭建的巡线小车车体。

(a) 视觉传感器　　　　　　(b) 主控板　　　　　　(c) 巡线小车车体

图 4-12　需要准备的器材

奇思妙想

我看过新闻报道，物流小车是这样工作的：扫描快递上的二维码，进行识别分拣，然后送去对应的下一个流程。

用视觉传感器，它肯定可以识别快递上的二维码，这样就能获取快递的信息了。我画了流程图（见图4-13），我觉得物流小车是这样工作的。

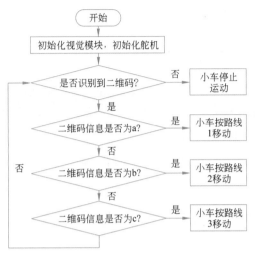

开始

初始化视觉模块，初始化舵机

是否识别到二维码？ —否→ 小车停止运动

是

二维码信息是否为a？ —是→ 小车按路线1移动

否

二维码信息是否为b？ —是→ 小车按路线2移动

否

二维码信息是否为c？ —是→ 小车按路线3移动

否

图 4-13 物流小车工作流程图

大显身手

请跟随图图和灵灵，一起探索物流小车是怎样实现的吧！

> 挑战一：搭建物流小车的硬件结构

硬件搭建（见图4-14）。

(a) 物流小车搭载快递包裹状态　　(b) 物流小车卸载快递包裹状态

图 4-14 硬件搭建

> **小贴士：**
>
> 在制作过程中，注意安全，根据任务目标先进行硬件搭建，再通电测试。

挑战二：编程启动物流小车，识别分拣、运送快递

视觉模块初始化（见图 4-15）。

物流小车识别二维码信息为 a 时，运行程序（见图 4-16）。

物流小车识别二维码信息为 b 时，运行程序（见图 4-17）。

图 4-15　视觉模块初始化

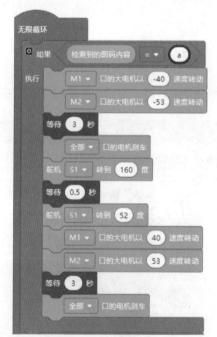

图 4-16　a 信息搬运路径

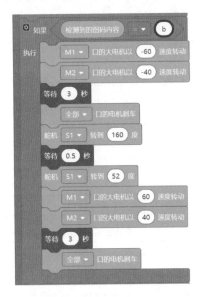

图 4-17　b 信息搬运路径

物流小车识别二维码信息为 c 时，运行程序（见图 4-18）。

图 4-18　c 信息搬运路径

我的小成就

同学们，你们的物流小车能够安全、高效地送快递了吗？

物流小车	10min 内运送快递情况			一共所用时间	整体评价（满分 ★★★★★）
	快递 a	快递 b	快递 c		
1号	成功	成功	成功		★★★★★
2号					
3号					
4号					
5号					
6号					

AI 爱创新

物流小车拥有识别快递、巡线行驶的功能，还需要增加避障、电量检测等功能。请为物流小车设计更多的功能，满足实际所需，说一说你们的创意想法吧！

分享你的创意吧！

我的解决方案：